LES MINISTRES ORDONNÉS DANS UNE ÉGLISE-COMMUNION

LES ÉVÊQUES DE FRANCE

LES MINISTRES ORDONNÉS DANS UNE ÉGLISE-COMMUNION

Note théologique
du Bureau d'études doctrinales
de la Conférence des évêques de France

Documents des Églises

LES ÉDITIONS DU CERF
PARIS
1993

(29, boulevard Latour-Maubourg
75340 Paris Cedex 07)

ISBN 2-204-04835-6
ISSN 0983-9062

PRÉSENTATION

L'approfondissement de la vocation et de la mission des « fidèles laïcs » *Christi fideles laïci* dans l'Église et dans le monde, la diminution du nombre des prêtres et la conjonction de ces deux données se traduisent par des appels de plus en plus nombreux et variés adressés à des laïcs en vue d'accomplir des tâches d'Église jusque et y compris à une certaine participation à l'exercice de la tâche pastorale.

Aussi la place des ministres ordonnés, la définition et le rapport de ce ministère avec les autres tâches ecclésiales nous semblent appeler de nouvelles précisions pour la pratique des Églises diocésaines de France.

En novembre 1991, une première note a servi de point de départ pour de nombreux échanges au Bureau d'études doctrinales, sur les enjeux pastoraux et doctrinaux de cette évolution, sur les chances et les risques qu'elle présente.

Entre-temps, un certain nombre d'articles et de livres ont alimenté les débats. Divers documents ecclésiaux ont abordé également ces questions, très particulièrement l'exhortation apostolique *Pastores dabo vobis* (*Documentation catholique* du 17 mai 1992), la note des évêques de Hollande, « La Parole, le Sacrement, le Ministère et l'Ordination » (*Documentation catholique* du 4 octobre 1992) et une étude de Mgr Marcus après la rencontre des délégués diocésains à l'Apostolat des laïcs (*Documents Épiscopat,* n° 15, octobre 1992).

Ces échanges ont abouti au document que présente ici le Bureau d'études doctrinales.

Mgr Jacques JULLIEN, Président du BED,
Cardinal Albert DECOURTRAY,
Mgr Raymond BOUCHEX,
Mgr Claude DAGENS,
Mgr Gérard DEFOIS,
Mgr Pierre EYT,
Mgr Georges SOUBRIER,
Le père Damien SICARD, secrétaire du BED.

INTRODUCTION

La place des ministres ordonnés, la définition et le rapport de ces ministères avec les autres tâches ecclésiales nous semblent appeler de nouvelles précisions pour la pratique des Églises diocésaines en France.

Durant les siècles précédents on a parfois succombé à la tentation de concentrer de façon exclusive le sacerdoce du peuple de Dieu dans la personne des prêtres et des évêques. Des tendances se font jour actuellement pour diminuer le rôle spécifique du ministère ordonné. Le contexte d'une raréfaction des prêtres, leur vieillissement, le petit nombre de vocations et d'ordinations incitent à appeler des laïcs à des tâches de suppléance[1]. Et parfois, des communautés où le prêtre n'est pas résident sont tentées de

1. Il s'agit ici d'une suppléance par délégation de l'évêque pour poser des actes qui relèvent de l'exercice de la charge pastorale (c. 517, § 2), et non des services de catéchèse, liturgie, préparation aux sacrements qui ne relèvent pas expressément de l'exercice de cette charge.

ne plus considérer comme indispensable le rôle du ministre ordonné dans leurs pratiques ecclésiales.

La perspective théologique de Vatican II porte à situer le ministère ordonné dans l'ensemble de la vie du peuple de Dieu; mais ce n'est pas pour autant confondre les rôles et les missions. L'image scripturaire du *corps* ecclésial incline à distinguer les membres dans une complémentarité qui assure l'unité. La nature de l'Église impose de dépasser les conflits de rôles ou les attributions de privilèges pour ouvrir les communautés et leurs questions à la grâce de Dieu en Jésus Christ. La communion est à la fois communication entre toutes les Églises, préoccupation pour l'universalité de l'Église et son unité, accueil du don de Dieu en ses sacrements, selon la structure hiérarchique de l'Église.

Le prêtre n'est ni un animateur culturel, ni un accompagnateur de groupes, il est un chargé de mission pastorale dans l'Église. À ce titre, il reçoit de la mission apostolique et de l'ordination qui lui sont conférées par l'évêque la grâce de servir la croissance du peuple de Dieu en ce monde. Il nous a semblé important de le souligner et de remettre en perspective théologique les évolutions récentes en ce domaine.

C'est pourquoi après une analyse historique et le rappel de l'enseignement des conciles de Trente et de Vatican II, nous proposons d'insérer nos questions actuelles dans quatre « logiques » ou perspectives conciliaires concernant le sacerdoce, la succession apostolique, la sacramentalité de l'Église et l'ordination. Elles ont en commun de soumettre toute conception de ce ministère à l'œuvre du salut et de manifester l'altérité de Dieu par rapport à l'organisation de l'Église.

1

L'HISTOIRE RÉCENTE DE NOTRE QUESTION

Depuis près d'un demi-siècle, l'évolution pastorale et missionnaire en France a entraîné de multiples modifications du statut des prêtres dans la vie de l'Église. Aujourd'hui, où la diminution des ordinations conduit à un réajustement des paroisses et des services pastoraux, il est nécessaire d'y réfléchir. À ce titre, cette note n'a pas d'autre but que de favoriser la compréhension des questions nouvelles en offrant aux responsables pastoraux des éléments de travail.

— La « prise de conscience » de la déchristianisation de notre pays dans les années trente a engendré les mouvements d'action catholique. Appuyés sur la répartition traditionnelle des ministères ordonnés, ils furent souvent organisés par des prêtres de paroisse, soit des *vicaires*, soit quelques prêtres détachés spécialement auprès des jeunes du monde ouvrier. Mais voulant créer une prise en charge du « milieu par le milieu », ce sont des laïcs qui ont pris la responsabilité des mouvements, de leur organisation et de leur orientation. Comme dans le scoutisme dirigé par des laïcs, les prêtres ont eu une fonction d'aumôniers, d'assistants ecclésiastiques, établissant le lien avec l'évêque et célébrant les sacrements. Souvent les responsables avaient des relations directes avec l'évêque et étaient alors « accompagnés » par les aumôniers. Mais les laïcs étaient les acteurs premiers de la mission dans le groupe social dont ils étaient membres. Le terreau du mouvement devenait alors non pas géographique mais social et culturel.

Il est à noter que dans les années trente-trois, aux laïcs tentés d'adhérer aux « ligues », l'Assemblée des cardinaux et archevêques dut rappeler que les mouvements officiels ne devaient pas engager l'Église dans ces organisations politiques.

— Les années quarante-cinquante firent prendre la mesure de l'absence de l'Église dans les populations ouvrières et une partie des régions rurales en France. Ce fut l'ère des prêtres-ouvriers, de la Mission de France, de la Mission de Paris. Leur ministère ordonné fut lié à des missions en contact direct avec l'incroyance. Ces prêtres voulaient être l'Église, présente comme le levain dans la pâte en participant à l'existence, aux luttes mêmes, à la vie culturelle et professionnelle de tous par le travail. Ils avaient toute l'initiative dans cette évangélisation ; les dimensions de sanctification étant réservées à la vie « privée » du prêtre ; parfois même sa qualité de prêtre était cachée pour des raisons d'opportunité apostolique. Mais la réduction du ministère à cette présence au monde ouvrier devait être la source de difficultés tant pour le prêtre et son identité sacerdotale que pour l'Église et sa mission d'universalité.

— Les années soixante-dix furent marquées par une crise d'identité sacerdotale. La ligne missionnaire de la présence au monde, l'identification de la mission d'évangélisation à la cause des plus défavorisés, ou l'implication dans la vie professionnelle par le travail, devaient amener à remettre en cause la traditionnelle séparation du prêtre, écarté du travail salarié, du mariage et de l'action politique, pour sa mission. Une tendance à dévaloriser l'action cultuelle au nom de la « vie réelle « correspondait à la valorisation de la militance laïque comme engagement missionnaire dans le monde. Les oppositions ne pouvaient que se cristalliser à l'encontre de la tradition et de l'institution. Se mettre sur le même plan que tous pour partager avec tous les réalités de ce monde conduisait à banaliser le ministère ordonné au profit du témoignage de solidarité. Cela fut vécu dans le corps presbytéral et dans les communautés ecclésiales comme un débat autour de l'identité sacerdotale et de l'identité chrétienne. L'image d'une présence fusionnelle au monde et d'une insertion totale dans la société fut contestée radicalement par des courants qui voulaient réaffirmer la permanence des modèles « de toujours », c'est-à-dire d'avant Vatican II. Le ministère presbytéral était moins précis et moins valorisé dans les familles par rapport à des projets d'action sociale, politique, syndicale, familiale ou professionnelle. Tous ces éléments contribuaient à une baisse des vocations. En d'autres termes, les mutations rapides de la société, la culture libérale, l'urbanisation accélérée, la scolarisation de masse, la déstructuration du monde rural sont autant de facteurs qui ont déstabilisé la présence de l'Église dans notre pays et pesé sur les difficultés des prêtres dans leur identité sociale.

— Les années suivantes virent l'émergence de multiples communautés appelées « charismatiques ». Celles-ci furent souvent créées à l'initiative des laïcs ; non par mandat institutionnel ou au titre d'un ministère mais sous une impulsion spirituelle (un *leadership*), naissaient des groupes informels, hors de l'appartenance diocésaine ou de la délégation épiscopale, prêtres et laïcs vivant ensemble une expérience religieuse. Dans ce contexte les prêtres faisaient partie d'un groupe dirigé selon les appels de l'Esprit ; le berger laïc étant reconnu par la communauté, le prêtre remplissait un service particulier du fait de son ordination sans être pourvu de la présidence de la communauté. L'annonce de l'Évangile, le ministère d'autorité, une partie du ministère de sanctification étaient assurés par des membres du groupe sous l'impulsion de l'Esprit.

Après des rapports relativement flous avec l'épiscopat, des bergers ont été ordonnés diacres, des prêtres ont été envoyés et la répartition des services s'est progressivement modifiée en fonction des normes ecclésiales. Mais la position spécifique du ministère ordonné demeure une question dans ces groupes de prière et ces communautés; toutefois nombre de vocations ont ainsi pris naissance dans les assemblées qui ont retrouvé le goût de la prière et de la célébration liturgique. Les liens avec l'épiscopat et avec l'ensemble des communautés ecclésiales se précisent, ces nouvelles communautés prenant en charge des paroisses.

— Depuis trente ans, les réunions de vicaires généraux suscitées par le chanoine Boulard et le secrétariat de l'épiscopat ont maintes fois été consacrées à la paroisse urbaine, aux « centres villes », aux secteurs plus ruraux, d'autant que la paroisse était remise en cause par des laïcs ou des prêtres engagés dans l'action catholique ou des expériences missionnaires. La paroisse, « communauté », lieu de culte, a vu diminuer ses activités éducatives, socioculturelles; le ministère ordonné a été alors consacré par une priorité de fait aux demandes de célébration et de sacramentalisation. Beaucoup de prêtres en souffraient, désirant remplir une tâche plus missionnaire et plus insérée dans le quotidien. Le ministère des prêtres au travail était valorisé par ce qui était appelé la « vraie vie ».

On assistait en même temps aux initiatives de « simplification » de l'expression liturgique pour retrouver le langage commun et donner à l'évangélisation une meilleure actualité, au risque de lier exagérément la prière de l'Église à des langages particuliers.

— Or, les nouvelles générations de prêtres sont souvent plus soucieuses de manifester le caractère sacré de l'action de l'Église. Ils redoutent que la proximité des expressions par rapport à la culture commune n'entraîne une banalisation du christianisme. Ils retrouvent la paroisse et ses activités traditionnelles de célébration, de catéchèse, de préparation aux sacrements; tout en associant des laïcs, celle-ci remplit alors un rôle de relais spirituel où les attentes religieuses se croisent pour créer une expérience commune de foi et de prière. Le ministère presbytéral comme pôle d'attraction pour ces rencontres au nom de la foi ou de la prière devient mieux perceptible que lors des recherches précédentes. Si certains craignent un nouveau cléricalisme et d'autres un repli sur des pratiques traditionnelles, beaucoup perçoivent là un nouvel espace pour signifier « l'ailleurs » de l'homme, là où il prend les vraies mesures de son aspiration séculière, là où il retrouve la vérité de sa vie. Cette approche différente engendre forcément un certain conflit de générations sacerdotales même s'il est parfois silencieusement ressenti.

— Il est des situations difficiles. Depuis quinze ans, les prêtres ont vieilli et les décès n'ont pas été compensés par l'arrivée de jeunes; des curés se sont vu, surtout dans les régions rurales, attribuer de plus en plus de paroisses ou de relais paroissiaux, là où il y avait, il y a dix ans, des curés résidents. La proximité traditionnelle du prêtre d'autrefois est devenue impossible et le prêtre rural court d'un clocher à l'autre pour des célébrations dont il n'a pu assurer la préparation avec les assistants, parfois il connaît peu ceux qu'il rencontre. Les assemblées en l'absence de prêtres se sont multipliées, au risque de limiter le rôle des prêtres à des actes cultuels, en particulier pour les obsèques, les mariages, les baptêmes et en se réduisant souvent aux seules eucharisties dominicales. Les missions d'évangélisation et d'animation des communautés leur semblent de plus en plus difficiles à réaliser.

Alors on a fait appel aux laïcs et on a cherché à les associer à la tâche pastorale elle-même. Plusieurs problématiques se sont croisées au détriment de la clarté : d'une part la référence au sacerdoce commun des baptisés et leur légitime participation à la vie de l'Église; d'autre part la responsabilité spécifique des laïcs dans l'évangélisation et leur nécessaire promotion dans le peuple de Dieu; enfin leur désir de servir pour suppléer l'absence de prêtres, afin d'assurer la survie des communautés locales.

Il serait à ce sujet utile de faire le bilan exact en termes ecclésiologiques de la pratique des assemblées dominicales en l'absence de prêtres. Le ministère de la présidence de la prière par des laïcs avec distribution de l'Eucharistie, leur présidence d'obsèques, leur participation à des baptêmes jusqu'à la célébration du sacrement, l'interrogation sur l'opportunité de leur confier la célébration de mariages ne sont pas sans engager de nouvelles interrogations quant à l'organisation ministérielle de l'Église. À « cause de la pénurie de prêtres » (c. 517 § 2) le droit canonique préconise pour l'Église universelle : des laïcs peuvent participer à l'exercice de la charge pastorale d'une paroisse ; « si le ministre ordinaire est absent ou empêché », toute personne députée à cette charge par l'ordinaire du lieu peut conférer le baptême (c. 230 et 861) ; en cas de « défaut de ministre » les laïcs peuvent distribuer la communion (c. 230) ; « là où il n'y a ni prêtre ni diacre », l'évêque diocésain « peut déléguer des laïcs pour assister aux mariages » (c. 1112)[1]. Cela demande de bien préciser ce qu'il faut entendre par « pénurie ou défaut de prêtres ou de ministres ordinaires », et de souligner la *signification théologique de la délégation*. Le ministère que le droit de l'Église considère indiscutablement comme de « suppléance » peut être détourné de son sens s'il est entendu comme une « promotion » des laïcs ou l'exercice normal du sacerdoce des fidèles.

À moyen terme, il pourrait apparaître dans nos régions une réorganisation laïcale de l'Église, au sens où la structure hiérarchique comme expression de la mission apostolique serait remise en cause par une confusion des rôles, des ministères et des « sacerdoces ». Il y va de la vérité du sacrement de l'Ordre en tant qu'il découle de l'initiative du Christ pour la vie et la croissance de l'Église. Il y va de même de

1. La plupart de ces dispositions ne peuvent être prises qu'avec l'accord de la Conférence des évêques.

la structure sacramentelle de l'Église. Cela touche à sa mission dans ses composantes d'enseignement, de sanctification et de gouvernement.

Poser la difficulté qui est ici soulignée en termes ecclésiologiques, c'est éviter de l'aborder exclusivement en fonction des requêtes de pouvoir ou de privilèges qui sont celles de la société civile, politique ou administrative. Comme très souvent, le caractère sacramentel de l'Église est occulté au bénéfice des procédures ou des fonctionnements socio-culturels.

L'évolution historique révèle des variations multiples quant aux rapports du ministre ordonné avec le peuple de Dieu et avec le monde. Elles sont souvent commandées par des urgences pastorales mais aussi par des influences de la société sur l'organisation ecclésiale. C'est dire que l'équilibre et la vérité de ces relations doivent retrouver un point d'ancrage dans l'Écriture et la Tradition pour ne pas dénaturer le sacerdoce ministériel et afin de l'interpréter selon la tradition propre de l'Église catholique.

2

DU CONCILE DE TRENTE À VATICAN II

On a tendance aujourd'hui à opposer les deux conciles, attribuant au premier une défense du pouvoir clérical et au second une ecclésiologie de communion. Nous voudrions insister sur la continuité entre Trente et Vatican II dans la définition du pouvoir spirituel conféré par l'ordination.

Lors du concile de Trente, après de multiples débats, les pères conciliaires choisirent de ne traiter que des positions contestées en ce domaine. Les réformateurs réduisaient le sacerdoce au ministère de la Parole. En maintenant l'importance de celle-ci, les évêques d'alors rappelèrent aussi l'existence d'un sacerdoce visible de la Loi nouvelle, soulignèrent qu'il est un sacrement authentique et qu'il contribue à donner à l'Église sa structure hiérarchique. Alors le sacerdoce catholique est mis en rapport avec le sacerdoce éternel de Jésus Christ, le sacrifice parfait de la nouvelle Alliance réalisé sur la Croix par l'offrande de son propre sang. Ce ministère visible est requis pour célébrer le mémorial du sacrifice du Christ et remettre les péchés. Ici se situe le pouvoir spirituel du prêtre, expression de la sacramentalité de l'Église.

Cette mission spirituelle et sacramentelle ne saurait émaner d'une délégation du peuple ou d'une magistrature civile comme le préconisaient les Réformateurs mais de l'initiative du Christ et du don de l'Esprit Saint, conférant à l'Église une structure hiérarchique (voir A. Duval, *Des sacrements au concile de Trente*, Paris, Éd. du Cerf, 1985, p. 339-361).

Ainsi, le concile de Trente définit le ministère à partir des sacrements, celui de l'Ordre en premier qui confère « le pouvoir de consacrer, d'offrir le vrai corps et le vrai sang du Seigneur et de remettre ou de retenir les péchés », il est tout orienté vers la sanctification. Par là, il est moins défini par le « fonctionnement de l'institution » que par la relation au sacrifice unique du Christ et par l'exercice de la charge pastorale en son nom.

À son tour Vatican II souligne l'organisation épiscopale de l'Église : « L'ordre des Évêques qui succède au collège apostolique dans le magistère et le gouvernement pastoral, bien mieux dans lequel se perpétue sans interruption le corps apostolique, constitue, lui aussi, en union avec le Pontife romain, son chef, et jamais en dehors de ce chef, le sujet d'un *pouvoir* suprême et plénier sur toute l'Église, pouvoir cependant qui ne peut s'exercer qu'avec le consentement du Pontife romain » (*Lumen gentium* [LG], 22).

Dans le décret sur le ministère et la vie des prêtres, nous relevons alors : « Le Seigneur, voulant faire des fidèles un seul corps, où “tous les membres n'ont pas la même fonction” (Rm 12, 4), a établi parmi eux des ministres qui, dans la communauté des fidèles, seraient investis par l'Ordre du pouvoir sacré d'offrir le sacrifice et de remettre les péchés, et y exerceraient publiquement pour les hommes au nom du Christ la fonction sacerdotale » (*Presbyterorum ordinis* [PO], 2).

Comme on le voit ici encore, de même que dans les assertions tridentines, le « pouvoir » est d'abord finalisé par les sacrements ; d'autre part, pour l'évêque, il s'origine dans le corps apostolique et pour les prêtres avec lui, il est au service de la communauté. Ce que précisait déjà la constitution sur l'Église : « Les ministres, qui disposent du *pouvoir sacré*, sont au service de leurs frères, pour que tous ceux qui appartiennent au peuple de Dieu et jouissent par conséquent, en toute vérité, de la dignité chrétienne, parviennent au Salut, aspirant tous ensemble, librement et de façon ordonnée à la même fin » (LG, 18).

La problématique moderne du pouvoir, souvent présenté comme arbitraire ou confiscation des responsabilités, est ici dépassée par la mission apostolique ; car nul n'est propriétaire de celle-ci. Chaque responsable est appelé à se convertir sur ce point et à mettre toute responsabilité dans l'Église au service de la croissance du peuple de Dieu vers le salut.

Il s'agit bien d'un ministère *dans le peuple de Dieu* où la fonction épiscopale et presbytérale n'a pas sa fin en elle-même. Le caractère ministériel n'est pas un privilège de sainteté mais une fonction dans le corps, un service de communion, en particulier par les sacrements qui sont la médiation ecclésiale de la grâce de Dieu. Loin d'être isolé, le ministère ordonné est inscrit dans la mission et la communion de l'Église.

En effet, l'Église, lieu de « l'effort commun, libre et ordonné » est le cadre nécessaire de l'exercice de la fonction ministérielle, elle répond à l'envoi du Christ adressé à ses apôtres. Ceux-ci, réunis en un seul collège, se sont choisi des successeurs qui constituent le collège et l'ordre épiscopal chargé « de rendre témoignage à l'Évangile de la grâce de Dieu et d'exercer le ministère glorieux de l'Esprit et de la Justice » (LG, 21). Il ne s'agit donc pas simplement d'organisation, d'« invention humaine » disait le concile de Trente (D. 968) mais de mise en œuvre sacramentelle de la volonté salvifique du Christ.

Il y a donc continuité, et non opposition, entre la conception du ministère selon Trente et celle de Vatican II. L'affirmation de la fonction sacramentelle du ministère dans l'Église est permanente, car celle-ci n'est pas une assemblée idéologique ou une association provisoire, mais le peuple de Dieu dont le Christ est le pasteur dans le temps et l'histoire. L'ordre hiérarchique est finalisé par le service de cette action sacramentelle pour la constitution du corps unique des chrétiens.

C'est bien pourquoi ce « pouvoir sacré » est nécessaire à la vie ecclésiale pour que grandisse le peuple de Dieu ; et les ministres qui en sont revêtus sont pour celui-ci des mandataires : « En tant qu'il représente le Christ Tête, Pasteur et Époux de l'Église, le prêtre est placé non seulement dans l'Église, mais aussi *face* à l'Église. Le sacerdoce, en même temps que la Parole de Dieu et les signes sacramentels dont il est le serviteur, appartient aux éléments constitutifs de l'Église. Le ministère du prêtre est entièrement au service de l'Église pour promouvoir l'exercice du sacerdoce commun de tout le peuple de Dieu ; il est ordonné non seulement à l'Église particulière, mais encore à l'Église universelle (PO, 10), en communion avec l'évêque, avec Pierre et sous l'autorité de Pierre. *Par le sacerdoce de l'Évêque, le sacerdoce du second ordre est incorporé à la structure apostolique de l'Église* » (*Pastores dabo vobis*, 16)[1].

Oser dire que l'évêque et les prêtres sont « face à

1. Nous soulignons. Cette phrase de l'exhortation apostolique postsynodale de Jean-Paul II, du 25 mars 1992, rapporte littéralement la proposition n° 7 des pères du synode des évêques d'octobre 1990).

l'Église» n'est pas opposer le presbytérat au peuple de Dieu dans un rapport de domination ou de subordination, comme s'il n'y avait pas ce compagnonnage dans la foi qui est la raison d'être du ministère, mais signifier par des existences d'hommes la source de l'Église, celle qui vient de Dieu et non d'une légitimité humaine comme l'a si clairement souligné le concile de Trente : «le saint concile enseigne que l'ordination des évêques, des prêtres et des autres degrés ne requiert ni le consentement, ni l'appel, ni l'autorité du peuple, d'une puissance ou d'une magistrature civile, comme si, sans eux, l'ordre était sans valeur» (D 960). Ce «face à l'Église» exprime l'altérité de l'Église comme envoyée de Dieu pour le salut du monde et signifiant sacramentellement le don de Dieu à l'homme.

C'est pourquoi, le ministère ne saurait être réduit à une fonction d'organisation, d'animation cultuelle des chrétiens, qui appellerait en cas de nécessité des suppléances inspirées par la bonne volonté, mais il est fondé sur un envoi et une participation à cette identité primordiale de l'Église en tant qu'elle est sacrement du salut pour le monde. La charge pastorale est lestée d'un poids sacramentel symbolique et mystique dont devraient être pénétrés tous ceux qui sont appelés à des services dans l'Église. Nous sommes devant tout autre chose qu'une militance ou un engagement social.

3

LA LOGIQUE DU PRESBYTÉRAT DANS SON RAPPORT AU SACERDOCE DES FIDÈLES

Si la critique du pouvoir « arbitraire et centralisé » est, entre autres, un héritage de la modernité libérale, la mise en cause des rôles sociaux pour prôner une société égalitaire est une réaction des dernières décennies où, après un siècle de taylorisme, d'organisation administrative générant des attitudes d'assistés, de consommateurs et d'administrés, se sont manifestées des requêtes, surtout dans les classes moyennes, pour des groupes unitaires et à forte cohésion affective ou culturelle. La logique associative l'emporterait alors dans l'Église.

Ces concepts critiques sont quotidiennement appliqués à l'Église dans les médias et les réflexes de l'opinion publique, tant à l'égard de Rome qu'à celui de l'Église en France, ou même des paroisses. Or l'originalité institutionnelle de l'Église est celle d'un fonctionnement selon l'analogie du corps dont saint Paul en de multiples passages a évoqué le principe (voir 1 Co 12, 12-31 ; Ep 4, 14-16 ; Rm 12, 3-8 ;

Ga 3, 26-28 ; Col 3, 11) dans la différence des membres et la cohésion de tous en Christ. Cette représentation de la vie ecclésiale semble souvent mal comprise, y compris parmi les chrétiens.

Le concile a reconnu le rôle actif des laïcs : « Dans l'organisme d'un corps vivant aucun membre ne se comporte de manière purement passive, mais participe à la vie et à l'activité générale du corps, ainsi dans le corps du Christ qui est l'Église, « tout le corps opère sa croissance selon le rôle de chaque partie » (Ep 4,16). Bien plus, les membres de ce corps sont tellement unis et solidaires qu'un membre qui ne travaille pas selon ses possibilités à la croissance du corps doit être réputé inutile à l'Église et à lui-même ». (voir *Apostolicam actuositatem,* 2 ; *Christi fideles laïci*, 20.)

Ainsi est-il apparu normal que les fidèles prennent leur part dans la vie apostolique. Mais l'insistance sur le caractère commun du sacerdoce ne laisse pas d'être comprise de façon parfois ambiguë, en termes d'égalité de pouvoir et de similitude de fonctions. La demande de suppléance en réponse à des situations où la nécessité impose des prises de responsabilité de laïcs pour la survie de certaines communautés, y compris en ce qui concerne les sacrements, peut sembler légitimer une identité de fonctions, voire une promotion des laïcs à des services presbytéraux. Le ministère ordonné peut y perdre sa signification spécifique.

Or Vatican II avait précisé : « Le sacerdoce commun des fidèles et le sacerdoce ministériel ou hiérarchique, bien qu'il y ait entre eux une différence essentielle et non seulement de degré, sont cependant ordonnés l'un à l'autre : l'un et l'autre, en effet, chacun selon son mode propre, participe de l'unique sacerdoce du Christ » (LG, 10). Le ministère est un envoi du Christ ; comme le Christ « consacré et envoyé par le Père, les apôtres, leurs successeurs les évêques sont participants de sa consécration et de sa mission » (voir LG, 28). Les prêtres le sont par l'évêque pour « présider et servir leurs communautés locales, de telle sorte qu'elles puissent être dignes de recevoir le nom qui marque l'unique peuple de Dieu en sa totalité : l'Église de Dieu » (LG, 28). Ils sont coopérateurs de l'Ordre épiscopal (PO, 2).

Et le concile de parler du pouvoir sacré pour former et conduire le peuple sacerdotal, pour célébrer, *dans le rôle du Christ,* le sacrifice eucharistique et l'offrir au nom de tous, tandis que les fidèles concourent à cette offrande, reçoivent les sacrements, témoignent de la sainteté par le renoncement et la charité. Leur action dans les sacrements consiste à professer la foi, la défendre en témoins, à offrir, à vivre le sacrement de mariage et à construire l'unité du peuple de Dieu. Cette complémentarité des ministères ne signifie pas une inégalité par rapport à la vocation commune à la sainteté, à l'apostolat, au culte spirituel : « les laïcs, en vertu de leur consécration au Christ et de l'onction de l'Esprit Saint, sont admirablement appelés et pourvus pour que les fruits de l'Esprit Saint soient produits en eux de façon plus abondante. Ainsi les laïcs, agissant saintement partout en adorateurs, consacrent à Dieu le monde lui-même » (LG, 34). À propos de leur participation à la fonction prophétique du Christ le concile signale qu'ils sont pourvus du *« sens de la foi »* et de la grâce de la parole, « afin que brille dans la vie quotidienne, familiale et sociale, la force de l'Évangile » (LG, 35). Par leur participation au « service royal », ils vivent et travaillent afin que le Royaume de Dieu grandisse dans le monde. (voir LG, 36).

Ainsi la spécificité du ministère ordonné, épiscopat, presbytérat et diaconat, prend tout son sens dans la logique d'une ecclésiologie de communion. Sinon il est défiguré en tâches administratives et fonctionnelles, en rôle de cadre ou en degré hiérarchique, au sens séculier du terme. Le sacramentel est réduit au fonctionnel, il est instrumentalisé au nom de l'efficacité. Il est inévitable qu'une telle réduction conduise à des attitudes de pouvoirs et de contre-pouvoirs, à des rapports de force. À l'encontre, épiscopat, presbytérat et diaconat dans l'Église se réfèrent au pouvoir du Christ, à son service du salut de tous, ils sont finalisés par la croissance du corps et la mission de l'Église.

Le « pouvoir sacré » n'est ni privilège, ni appropriation de la grâce de Dieu, car le ministre n'est pas ordonné pour lui-même mais pour signifier et communiquer l'appel et le don de Dieu à son Église. En son nom il participe à l'offrande du Christ à son Père, dont l'Eucharistie est le sommet. C'est la sainteté du corps qui est première dans la communion au Christ et non le ministère. Par les charges d'enseignement, de sanctification et de gouvernement, ce dernier favorise la pleine responsabilité des laïcs selon leur vocation propre.

Si l'Église n'est pas une administration religieuse, elle n'est pas pour autant une association informelle. Dépositaire des sacrements du salut, elle transmet ce qu'elle a reçu par des ministres, évêques, prêtres et diacres. Leur consécration par l'ordination fait d'eux des pasteurs du peuple de Dieu. La différence des fonctions, soulignée par un lien privilégié dans l'ordre sacramentel au Christ Tête (le pouvoir sacré), légitime leur spécificité dans l'itinéraire de l'Église où tous les baptisés portent dans l'unité le témoignage de la sainteté de Dieu. *L'identité et la mission du presbytérat sont donc d'abord sacramentelles.* Elles se réfèrent à l'initiative du Christ et au don de Dieu dont le ministre est à la fois le signe social et le serviteur dans la charge pastorale. Cette logique sacramentelle ne peut pas se réduire à une logique seulement administrative et fonctionnelle.

4

LA LOGIQUE DE LA MISSION ET DE LA SUCCESSION APOSTOLIQUE

Lorsque les laïcs sont associés à l'exercice de la charge pastorale et à la célébration de sacrements (baptêmes, mariages, présidences liturgiques), le droit canonique souligne la nécessité d'une délégation de l'évêque diocésain. Ces notions administratives ne signifient pas seulement la nécessité d'un contrôle, mais aussi d'un envoi par l'évêque. *L'évêque agit alors au titre de sa fonction apostolique,* c'est-à-dire de la mission et de l'envoi par lequel le Christ a établi ses apôtres participant de sa consécration et de sa mission (voir Jn 10, 36). Les évêques, note encore le concile, agissent *« cum Petro et sub Petro »* certes, mais « la charge pastorale, c'est-à-dire le soin habituel et quotidien de leurs brebis, leur est pleinement remise; on ne doit pas les considérer comme les vicaires des Pontifes romains, car ils exercent un pouvoir qui leur est propre et, en toute vérité, sont, pour les peuples qu'ils dirigent, des chefs. Ainsi leur pouvoir n'est nullement effacé par le pouvoir suprême et universel; au contraire, il est affermi, renforcé et défendu par lui, la forme établie par le Christ Seigneur pour le gouvernement de son Église étant indéfectiblement assurée par l'Esprit Saint » (LG, 27).

Le ministère de l'évêque est donc fondé sur l'envoi et sur l'ordination. Son origine sacramentelle dans l'Église est primordiale par rapport aux fonctions diverses qu'il remplit. Le gouvernement d'un diocèse implique cette double relation au Christ Tête et Pasteur dont il hérite en tant que successeur des apôtres, et au Peuple de Dieu dont il porte la charge pastorale. La mission des prêtres, des diacres, aussi bien d'autre part que des ministres institués, est en dépendance de celle de l'évêque, non pour des raisons organisationnelles, mais pour assurer la communication avec la source de sa mission, et avec les hommes destinataires du don de Dieu. La coopération des ministères se vit autour de l'évêque parce qu'il est sacramentellement le lien avec l'unique Médiateur qu'est le Christ (voir LG, 28).

Il importe de bien distinguer les tâches assumées par les laïcs au nom du sacerdoce commun des fidèles et celles qu'ils remplissent au nom d'une *délégation pastorale.* L'exhortation apostolique *Christi fideles laïci* spécifie clairement : « Le Code de droit canonique prescrit : "là où les nécessités de l'Église le conseillent, et à défaut de ministres sacrés, des laïcs peuvent, même sans être lecteurs ou acolytes, remplir en suppléance telle ou telle de leurs fonctions : ministère de la parole, présidence de prières liturgiques, administration du baptême, distribution de la sainte communion, suivant les normes du droit" (c. 230, § 3). Il faut remarquer toutefois que *l'exercice d'une telle fonction ne fait pas du fidèle laïc un pasteur :* en réalité, ce qui constitue le ministère, ce n'est pas l'activité en elle-même, mais l'ordination sacramentelle. Seul le sacrement de l'ordre confère au ministre ordonné une participation particulière à la fonction du Christ Chef et Pasteur et à son sacerdoce éternel. La fonction exercée en tant que suppléant tire sa légitimité formellement et immédiatement de la délégation officielle reçue des pasteurs et, dans l'exercice concret de cette fonction, le suppléant est soumis à la direction de l'autorité ecclésiastique » (*Christi fideles laïci*, 23). Le laïc appelé à cette suppléance ne se substitue pas au pasteur quand bien même il participe à l'exercice de la charge pastorale, car celle-ci relève du ministère ordonné. Ce dernier s'inscrit dans la succession apostolique et en même temps est au service du peuple de Dieu.

Cette distinction permet aux pères synodaux de reconnaître le droit d'association (voir c. 298 s.) et le droit d'expression et de libre initiative aux laïcs en tant que tels dans l'Église. Si la communion avec l'épiscopat est nécessaire pour assurer l'unité du corps, la différenciation des fonctions et des initiatives restitue aux laïcs leurs responsabilités propres. *De ce point de vue, autre est la suppléance par délégation* pour poser des actes qui relèvent de l'exercice de la charge pastorale, *autre est la vie apostolique et l'animation de mouvements ou associations* à finalités éducatives et missionnaires. La présence des laïcs dans les réalités du monde, leur témoignage et leur annonce de la parole de Dieu dans les affaires profanes sont nécessaires pour la mission de l'Église. « Avec l'aide de l'expérience des laïcs [...] c'est toute l'Église qui pourra ainsi, renforcée par tous ses membres, remplir plus efficacement sa mission pour la vie du monde » (voir LG, 37).

Le traitement de ces questions nouvelles posées à notre Église demande que nous retrouvions tous ensemble la *source apostolique* des ministères dans l'Église. Ce que la tradition conciliaire appelle l'institution divine de l'épiscopat dans l'Église, la mission des successeurs des apôtres, doit donner sa dimension missionnaire à l'Église jusqu'à la fin des temps ; elle est attestée par les témoignages de Clément de Rome, d'Ignace d'Antioche et d'Irénée ; elle est le fondement de toute ordination aux ministères et de toute délégation de suppléances ou de services.

La communion, fondée sur « l'obéissance de la foi », est l'âme de cette multiplicité d'initiatives et d'expressions du sacerdoce, du prophétisme et de la royauté commune des baptisés, elle ouvre à la reconnaissance du don que Dieu nous fait par ses pasteurs. En dehors de cette perspective nous risquons d'assurer des services et ces animations en termes de « management » socioculturel, sans signifier l'élément essentiel de la constitution de l'Église : la grâce du ministère pour la vie et la mission de l'Église. « Ainsi, par les membres de l'Église, le Christ éclairera de plus en plus la société humaine tout entière de sa lumière qui sauve » (LG, 36).

5

LA LOGIQUE DE LA SACRAMENTALITÉ DE L'ÉGLISE

Les chrétiens, dans notre pays, subissent souvent l'influence de l'opinion publique et des moyens de communication sociale lorsqu'ils parlent de l'Église. Or le regard extérieur que l'on porte alors sur elle, est celui de non-pratiquants, voire de non-croyants lui demandant des services occasionnels. Il ne retient que les aspects séculiers d'organisation culturelle. Il en résulte des réductions à la vision politique ou administrative des relations humaines d'aujourd'hui. Les débats sur les ministères, l'ordination de femmes, d'hommes mariés, sur les pouvoirs des laïcs dans les communautés prennent ainsi le dessus par rapport à la vocation pleinement catholique du peuple de Dieu. Évêques et prêtres sont alors considérés comme des leaders ou des cadres, et les rapports avec la base sont étudiés au nom des principes politiques ou administratifs. On a vu que le concile de Trente avait dû déjà affronter cette difficulté.

À la première page de la constitution *Lumen gentium*, on lit que l'Église est « dans le Christ, en quelque sorte le sacrement, c'est-à-dire le signe et le moyen de l'union intime avec Dieu et de l'unité de tout le genre humain ». Ce point de départ engage *une logique de la sacramentalité* : le corps ecclésial est corps du Christ. Il signifie cette grâce d'unité dont le sacrifice du Christ est la source. On peut lire dans la même constitution conciliaire : « L'Église, qui est le règne de Dieu déjà mystérieusement présent, opère dans le monde, par la puissance de Dieu sa croissance visible. Commencement et développement que signifient le sang et l'eau sortant du côté ouvert de Jésus crucifié et que prophétisent les paroles du Seigneur disant de sa mort sur la Croix : "Pour moi, quand j'aurai été élevé de terre, j'attirerai à moi tous les hommes (Jean 12, 32)" (LG, 3). Ce qui conduit le concile à souligner :

« C'est par le ministère des prêtres que se consomme le sacrifice spirituel des fidèles, en union avec le sacrifice du Christ, unique Médiateur, offert au nom de toute l'Église dans l'Eucharistie par les mains des prêtres, de manière non sanglante et sacramentelle, jusqu'à ce que vienne le Seigneur lui-même » (PO, 2).

Le ministère ordonné fait partie de la médiation du Christ offrant sa vie, médiation vécue dans le sacrement de l'Église. Il signifie que sa réalité d'institution n'a de sens qu'en communion intime avec le don que le Christ fait de lui-même entre les mains du Père jusqu'à la mort. Le dessein de réconciliation qu'il « poursuit désormais est de récapituler en lui, pour la gloire du Père, tout ce monde qu'il s'est acquis, ce *populus acquisitionis*, afin d'assumer en lui tout ce qui est du premier Adam et qui, fait à l'image de Dieu et recréé à celle du Christ, doit revenir à son modèle. Or, cette œuvre de recréation, le Christ la poursuit invisiblement par son Esprit, mais il la réalise visiblement par les sacrements, ... et par un *ministère d'hommes*. Il y a là, à l'œuvre dans l'Église, comme deux activités vicaires de celle du Christ : celle de l'Esprit, invisiblement, au-dedans, celle du Corps apostolique, visiblement, au-dehors — toutes deux étroitement conjuguées, comme on le voit dès la Pentecôte et tout au long du livre des Actes, par exemple, dans cette tranquille décision du synode de Jérusalem : « Il a semblé bon au Saint Esprit et à nous... » (Y. M. Congar, *Esquisses du mystère de l'Église,* Paris, Éd. du Cerf, 1952, p. 36).

Ainsi le ministère de l'homme est-il nécessaire à l'Église pour s'inscrire dans la logique de cette sacramentalité ; en lui prennent corps l'apostolicité et le caractère hiérarchique de l'Église, pour l'œuvre inédite de recréation d'un peuple nouveau, issu du sacrifice rédempteur du Christ.

Le pastorat catholique ne saurait donc être confondu avec la gestion de groupes ou l'animation de communautés, il est présidence au nom du Christ Tête, premier Pasteur de son peuple. Le ministère ordonné en est la réalisation sociale et la signification salvifique, en même temps.

C'est pourquoi, lorsque des laïcs président les célébrations liturgiques, ils ne peuvent le faire que par défaut de ministres et par une suppléance. Il s'agit alors de renvoyer au sacrement de l'ordre comme à la source de leur délégation. Dans ce cas, on parle de « présidence » par analogie et toujours en référence au corps total du Christ, au sacrement de sa présence ecclésiale dans le ministère ordonné. Il n'y a donc ni remplacement du prêtre ni « promotion » des laïcs.

L'envoi en mission ne se confond pas avec un engagement individuel ni une disponibilité à l'action. Cet envoi ne saurait avoir pour origine seulement les inclinations personnelles, mais la volonté du Christ Chef et Pasteur. L'Église envoie ses ministres ordonnés pour annoncer l'Évangile. Les initiatives apostoliques de tous doivent être en communion avec eux pour maintenir l'unité du Peuple de Dieu (voir Ep 4, 16).

Fonder l'Église ne se ramène pas à lancer un groupe convivial et spirituel. L'évangélisation et l'implantation de l'Église, la création de nouvelles « églises » demandent une hiérarchie et une communauté pour que dans leur personnalité chrétienne nouvelle, elles contribuent au bien de toute l'Église (voir *Ad gentes [AG]*, 6).

6

LA LOGIQUE DE L'ORDINATION

« Toute doctrine qui est en accord avec celle des Églises [...] doit être considérée comme vraie, puisqu'elle contient évidemment ce que les Églises ont reçu des Apôtres, les Apôtres du Christ et le Christ de Dieu. » Cette phrase de Tertullien[1] exprime très simplement ce qu'est l'envoi. Ainsi le ministère ordonné est une mission à laquelle celui qui est appelé consacre sa vie pour annoncer la Parole de Dieu, célébrer la liturgie et servir l'unité de la communauté.

Il est d'abord « un don pour la communauté et descend du Christ lui-même, de la plénitude de son sacerdoce », rappelait Jean-Paul II dans sa lettre aux prêtres en 1979. C'est bien pourquoi la vocation au ministère est cette grâce par laquelle Dieu appelle un homme à consacrer sa vie à Son œuvre dans le monde : « par leur vocation et leur ordination, les prêtres de la nouvelle Alliance sont, d'une certaine

---

1. *De praescriptione haereticorum,* XXI, 4. *Traité de la prescription contre les hérétiques,* « Sources chrétiennes », n° 46, Paris, Éd. du Cerf, 1957, p. 114 s.

manière, mis à part au sein du peuple de Dieu ; mais ce n'est pas pour être séparés de ce peuple, ni d'aucun homme quel qu'il soit ; c'est pour être totalement consacrés à l'œuvre à laquelle le Seigneur les appelle » (PO, 3).

L'ordination exprime cette *altérité du don de l'Esprit* par lequel l'Église reconnaît son ministère dans le service d'hommes consacrés. Par là est établie entre celui qui est ordonné et le Christ, un lien sacramentel qui lui attribue ce caractère spécifique et inamissible de consacré ; au-delà de tout service ponctuel il est homme de Dieu, ministre du Christ, pour signifier sacramentellement la fidélité de Dieu aux hommes et sa volonté de salut universel. Celui qui est ainsi ordonné est distingué pour signifier l'initiative de Dieu dans le temps et l'histoire des hommes. Il est soumis par l'Esprit à la liberté de Dieu pour inaugurer dans son peuple et dans la communauté humaine des relations nouvelles, fondées sur ce don de Dieu qu'il a le « pouvoir sacré » de transmettre et d'exprimer. L'ordination vient introduire dans une destinée humaine tout comme dans la communauté des fidèles cette initiative salvifique du Christ mort et ressuscité pour réconcilier dans la paix et l'unité les enfants de Dieu dispersés.

En ce qui concerne le ministre, les exigences de sa mission telles qu'elles sont rappelées par le décret sur le ministère et la vie des prêtres (sainteté, charité pastorale, unité de vie, obéissance, célibat dans les

Églises occidentales, pauvreté volontaire, prière (voir PO, 12-17) ne sont pas des préalables au service de sa tâche ou de son engagement, mais découlent de sa consécration à la volonté salvifique du Père. À la suite du Christ pasteur, il n'a de cesse que le troupeau se rassemble pour offrir à Dieu le sacrifice spirituel des chrétiens. En retour l'Église reconnaît en lui les dons de l'Esprit qui « fait toutes choses nouvelles » et lui confie la charge pastorale.

Pour les chrétiens laïcs, le ministre, par la totalité de sa charge et de son engagement, rend visible le signe que l'Esprit soutient leur marche dans l'existence profane et qu'il maintient fidèlement sa promesse de salut. En lui ils reconnaissent les dons de Dieu, ils s'ouvrent à ce ministère pour construire ensemble la vie communautaire, sacramentelle, liturgique et apostolique.

C'est par l'ordination que les prêtres deviennent coopérateurs du ministère épiscopal et sont reliés à la succession apostolique. Ils entrent dans l'ordre des prêtres pour assurer la permanence du salut et offrir à tous les dons de Dieu. Ils n'en sont ni maîtres ni propriétaires mais bénéficiaires, avant d'en être serviteurs dans le Christ.

La raréfaction des « candidats au sacerdoce » depuis vingt ans ne doit pas être considérée alors comme une parcimonie de Dieu à notre égard ou un manque de générosité des jeunes, mais l'invitation à mieux considérer le ministère dans sa figure apostolique, c'est-à-dire inséparable du Christ et des Apôtres dans sa réalité proprement « charismatique », reçue de Dieu et de l'action de l'Esprit Saint. Dans l'ordination et pour l'ordination, l'Église s'en remet de façon absolue à Dieu. Il ne saurait cesser son appel pour donner à son Église les ministres dont elle a besoin pour vivre. La communauté chrétienne est ainsi conviée à le recevoir pour assurer les services de son Eucharistie et de sa mission apostolique.

L'ordination est enfin un acte de communion ; si le prêtre est médiateur de celle-ci, c'est pour que les différenciations qui divisent les hommes soient surmontées par le service de Dieu. Alors la charité pastorale qui lui est essentielle doit indiquer dans l'Esprit les voies d'une rencontre dans l'unité pour acheminer les uns et les autres vers la plénitude de l'amour. Au cours de l'ordination, toute la communauté est invitée à reconnaître en celui qui est consacré, l'autorité du Christ Tête et Pasteur, et l'altérité de l'initiative divine, pour établir avec lui des liens tels qu'ils contribuent au salut de tous.

En ce sens on comprendra que *les services et les responsabilités apostoliques des laïcs ont besoin du ministère ordonné pour donner à leurs activités la dimension proprement sacramentelle du don de Dieu aux hommes.* Entre le sacerdoce des laïcs et celui des prêtres la distinction ne peut pas être de degré mais de nature (LG, 10). Tout le peuple de

Dieu, de par le baptême, est sacerdotal mais en son sein, le ministre ordonné est le signe sacré de l'Alliance nouvelle et le serviteur nécessaire des dons de Dieu pour l'Église. Les fonctions ne se concurrencent pas en termes de pouvoir social, elles se distinguent pour s'unir dans la même disponibilité à l'initiative salvifique de Dieu. Là encore, si les uns semblent oublier la mission apostolique et les autres la priorité de l'initiative sacramentelle de Dieu, c'est sans doute par une moindre attention au mystère du salut et à la sacramentalité fondamentale de l'Église. La communion s'y fonde sur cette spécificité qui nous est donnée par le Christ, seule source de l'envoi missionnaire.

CONCLUSION :

Observations pratiques

« C'est par le ministère des prêtres que s'accomplit, en union avec le sacrifice du Christ, le sacrifice spirituel des chrétiens » (PO, 2). La démarche spirituelle des membres du peuple de Dieu, offrant leurs personnes et leur vie, trouve son expression plénière dans l'eucharistie par laquelle, grâce au ministère des prêtres, le sacrifice du Christ récapitule toutes nos existences. Il ne s'agit pas là, ni pour les « fidèles laïcs » ni pour les prêtres, d'une activité seulement cultuelle, mais de la réalité profonde de l'Église, annonciatrice du Royaume dans lequel Dieu sera tout en tous. Un unique Esprit rassemble déjà en un seul peuple l'Église que Dieu fait vivre, qu'il rassemble et qu'il envoie.

Enracinée dans la grâce de Dieu, révélée et communiquée par Jésus Christ, la perspective sacramentelle ouverte ici déborde infiniment les nécessités fonctionnelles selon lesquelles la vie de l'Église relèverait seulement d'un modèle social général. C'est d'ailleurs pour n'y avoir pas suffisamment pris garde que les ambiguïtés relevées tout au long de cette note conduisent à une interprétation séculière de l'institution ecclésiale, perdant de vue la nature profonde de l'Église comme sacrement de la présence et de l'action de Dieu pour l'humanité. Dans cette optique limitée, le tissu ecclésial se tendrait et se distendrait au gré des conflits de pouvoirs et selon les aléas des relations de subordination fonctionnelle tels que les vivent les sociétés modernes.

Nous nous sommes attachés, bien plutôt, à enraciner les nouvelles relations entre prêtres et laïcs dans la vision christocentrique de l'Église que nous lègue l'Écriture interprétée par la Tradition. Nous avons cherché à décrire l'identité chrétienne dans sa figure sociale spécifique. Resituer les fonctions, les compétences, les responsabilités et les pouvoirs dans une ecclésiologie de communion permet encore de souligner les points d'attention suivants.

Lettres de mission à des laïcs.

Une pratique s'est instaurée, depuis quelques années, qui conduit les évêques à adresser des « lettres de mission » aux prêtres, aux diacres et aux laïcs, hommes et femmes, afin de préciser les responsabilités pastorales qui leur sont confiées. La « lettre de mission » peut accompagner un titre de nomination, généralement plus succinct.

Naguère, ces titres de nomination et éventuellement ces « lettres de mission » concernaient les prêtres seuls, auxquels ils précisaient leur affectation. Le document faisait référence à l'ordination reçue et conférait au destinataire la juridiction correspondant à une charge soit de curé, soit de vicaire, soit d'aumônier, etc. directement liée à un statut.

La pratique actuelle élargit à d'autres membres de l'Église qu'aux seuls prêtres ces lettres de nomination et de mission. Elle tend de fait à définir des tâches plus qu'à attribuer un statut dans le corps ecclésial. Ce changement correspond aux urgences de l'évangélisation et à la variété des appels qu'exprime la mission. L'évolution en cours ne devrait cependant pas contribuer à une confusion des rôles, des responsabilités, encore moins des statuts.

Dans cet esprit, on veillera tout particulièrement aux « lettres de mission » s'adressant à un laïc ou plus fréquemment à des « équipes d'animation pastorale » auxquelles peut être confiée, selon le canon 517, 2, une participation à *l'exercice de la charge pastorale d'une paroisse.* Dans ce cas, la « lettre de mission » adressée aux laïcs concerne aussi la responsabilité du prêtre qui, « muni des pouvoirs et facultés du curé, sera le modérateur de la charge pastorale ». Les obligations et les capacités propres de la charge du prêtre modérateur devront être clairement définies.

Pour signifier la portée et l'origine de la mission, il est indispensable que la « lettre de mission » soit signée par l'évêque ou par son représentant direct, précisant ainsi que pour l'accomplissement des tâches concourant à la charge pastorale, un statut spécifique est conféré à ces laïcs dans la vie de l'Église locale. Une compétence précise est attribuée dans le temps comme dans l'espace ecclésial. Cette compétence prend place à l'intérieur de la triple mission de l'Église : enseignement, sanctification, gouvernement. Parce qu'une telle mission se réfère à la totalité de l'évangélisation, un nouveau mode de relations devra s'instaurer entre ces laïcs et l'évêque. *Les laïcs destinataires d'une « lettre de mission » sont constitués dans une nouvelle responsabilité qui leur fait engager d'une façon particulière le signe sacramentel de l'Église dans le monde.* De cela, ils doivent être avertis tout comme doivent être invités à en percevoir le sens tous ceux qui auront à entrer en rapport avec eux. Pour ne pas s'en tenir seulement au caractère « fonctionnel ou administratif » d'un cahier des charges, on pourra envisager que le rattachement de la mission aux sacrements de baptême et de confirmation soit exprimé publiquement dans la prière par l'évêque ou son représentant avec qui une évaluation régulière sera opportune.

Selon le canon 517, 2, il s'agit bien pour les laïcs d'une participation à l'exercice de la charge pastorale d'une paroisse. Cette mission est tout autre chose qu'un service rendu, ou qu'une fonction indéterminée, ou encore que la participation à un conseil paroissial ou pastoral, laquelle peut procéder d'élections par l'ensemble des fidèles. Une « équipe d'animation pastorale » telle que nous l'avons définie *doit être présidée par un prêtre modérateur* et, en lien avec lui, c'est *toute l'équipe* qui assure une mission apostolique : évangélisation, sanctification, service d'autorité. Dépassant la simple attribution de fonctions, « l'équipe d'animation pastorale » fait entrer ses membres dans la dimension apostolique de l'Église pour faire vivre celle-ci en un territoire donné. Ces laïcs y remplissent avec le prêtre modérateur une mission de communion et de « guidance » pour signifier avec tous les chrétiens le sacrement du salut. Ils assurent la tâche de conduire leurs frères, en lien avec leurs prêtres, les évêques et le pape vers la sainteté. Cela nécessite une formation pour que ceux qui acceptent cette charge perçoivent l'originalité ecclésiologique de la responsabilité qui leur incombe désormais dans cette communauté. Il ne faut pas la confondre non plus avec un « ministère institué ».

Pour qu'on ne confonde pas davantage cette forme de « participation à l'exercice de la charge pastorale » avec d'autres formes d'appel à des services ponctuels ou à des responsabilités particulières, on évitera de recourir dans ce second cas, à des lettres de nomination et de mission analogues à celles que supposent les dispositions du canon 517, 2. D'autres formules peuvent cependant être établies selon les circonstances.

De l'aumônier à l'aumônerie.

Les aumôniers de lycées, les aumôniers d'hôpitaux ou de prisons ont réalisé depuis longtemps dans de nombreux endroits des équipes d'aumônerie dans lesquelles s'associent prêtres, laïcs, religieux non-prêtres, religieuses, diacres. Le bénéfice indéniable d'une démultiplication et d'une diversification de la présence chrétienne s'attache à cette évolution rendue d'autre part indispensable par la raréfaction et le vieillissement des prêtres.

La variété des fonctions et des charismes dans le peuple de Dieu renforce le témoignage ecclésial. On pourrait cependant noter le risque que dans de tels groupes puisse se diluer la spécificité du ministère presbytéral. Il serait bon que le prêtre ne soit pas, dans de telles équipes, un participant comme un autre mais qu'à l'image du modérateur dans une « équipe d'animation pastorale » visée par le canon 517, 2, il soit plus clairement le témoin de la mission apostolique qui incombe au ministère ordonné « à la suite des Apôtres ». Si le prêtre ne peut assumer toutes les charges d'organisation ou de direction, il devra les répartir, tout en veillant à leur donner l'ampleur d'universalité qui caractérise la responsabilité pastorale et apostolique.

Les assemblées dominicales en l'absence de prêtres.

Cette pratique se développe par suite du manque de prêtres. De telles assemblées ont certes l'avantage de rendre plus active la communauté ecclésiale par tous ses membres. L'ADAP ne constitue cependant pas une « messe sans prêtre », même si la célébration paraît reproduire les traits d'une messe, hormis la prière eucharistique. La qualité conviviale peut quelquefois l'emporter sur la référence au sacrifice du Christ ou encore sur le caractère de communion universelle, dimensions essentielles dont témoigne la présidence presbytérale. Privilégiant l'action vécue dans le groupe, cet avantage de l'ADAP n'aura tout son sens liturgique que si l'assemblée sait se référer explicitement à l'évêque et au prêtre modérateur. Alors s'approfondit l'attente de l'eucharistie, au cours de laquelle le ministère presbytéral exprime pleinement, sous la forme du sacrement, l'offrande des chrétiens.

La députation aux laïcs de la présidence de mariages ou de baptêmes est une possibilité qu'a retenue à certaines conditions le Code de droit canonique. La députation aux laïcs qui peut être autorisée pour ces célébrations sacramentelles exigera que l'on tienne compte du contexte social ou culturel, afin d'éviter des ambiguïtés qui, par la suite, se révéleraient difficiles à lever. En effet, nous nous exposons à voir ces sacrements se « privatiser » dans une relation purement interpersonnelle, voire fusionnelle.

Celle-ci marginalisant le ministère presbytéral ou diaconal pourrait estomper gravement la portée ecclésiale de ces actes. L'entrée dans l'Église par le baptême, ou le mariage comme sacrement, ont besoin de l'intervention du ministre ordonné et ne peuvent être considérés seulement comme l'effet « automatique » de la relation d'évangélisation.

Les offices ecclésiaux.

Le canon 228, 1, énonce la possibilité pour les laïcs d'être appelés par l'autorité hiérarchique à exercer des offices et des charges ecclésiales selon le droit. Le Code de droit canonique envisage la possibilité d'offices dans des domaines variés (chancelier, notaire, économe diocésain, catéchiste, enseignant en sciences religieuses, etc.) (voir Bernard David, « Les Laïcs dans le nouveau Code de droit canonique », *Documents Épiscopat,* n°1, janvier 1984, p. 5).

Rappelons toutefois qu'un office qui comporte « la pleine charge d'âme », requiert pour son accomplissement l'exercice de l'ordre sacerdotal et ne peut donc pas être validement confié à quelqu'un qui n'a pas été ordonné (c. 150). C'est pourquoi, seul le prêtre peut assumer directement l'office de curé dans une paroisse. De même le canon 129, 1 édicte que seuls ceux qui ont reçu le sacrement de l'ordre sont habilités à exercer le pouvoir de gouvernement et de juridiction. Mais ce même article, à l'alinéa 2, précise qu'à « l'exercice de ce pouvoir, les fidèles laïcs peuvent coopérer, selon le droit ». Un acte de la hiérarchie sera nécessaire pour que les laïcs puissent accomplir les offices qui leur sont confiés.

On peut dire en règle générale que sur ces questions le droit de l'Église attend des précisions annoncées notamment dans l'exhortation apostolique post-synodale *Christi fideles laïci,* 23. Ce même document, en énonçant, pour notre sujet, une large perspective met en valeur « la différence essentielle » entre le sacerdoce ministériel et le sacerdoce commun.

L'ecclésiologie de communion nous conduit à définir la pastorale en relation au Christ Jésus, Pasteur suprême qui, dans le sacrifice de sa vie a témoigné du salut universel. C'est à un ressourcement de la vie institutionnelle de l'Église que nous sommes conviés pour définir les relations entre les prêtres et les laïcs, non en fonction des exigences ou des habitudes antécédentes quand les ministres étaient très nombreux, mais en dépendance du mystère du salut en Jésus Christ dont laïcs, prêtres et évêques sont ensemble les bénéficiaires. C'est en même temps, en Église, nous offrir à Dieu dans la diversité des ministères et des missions en sacrifice vivant, saint et agréable à Dieu « dans un même culte spirituel » (Rm 12, 1). Afin que le mystère « soit porté à la connaissance de toutes les nations pour les amener à l'obéissance de la foi » (Rm 16, 26).

4 février 1993.

Table

DOCUMENTS DES ÉGLISES

JEAN-PAUL II, **Le Rédempteur de l'homme,** introduction V. Cosmao, 156 p.

JEAN-PAUL II, **Dieu riche en miséricorde,** introduction B. Bro, 120 p.

JEAN-PAUL II, **Le Travail humain,** introduction M.-D. Chenu, 106 p.

JEAN-PAUL II, **Les Tâches de la famille chrétienne,** introduction F. Refoulé, 186 p.

JEAN-PAUL II, **Le Sens chrétien de la souffrance humaine,** introduction A.-M. Carré, 86 p.

JEAN-PAUL II, **Aux religieux et aux religieuses,** introduction J.-R. Bouchet, 64 p.

JEAN-PAUL II, **La Réconciliation et la Pénitence dans la mission de l'Église aujourd'hui,** introduction S. Tougier, 148 p.

JEAN-PAUL II, **L'Esprit Saint,** introduction Y. Congar, 160 p.

JEAN-PAUL II, **La Mère du Rédempteur,** présentation Y.Congar, 88 p.

JEAN-PAUL II, **La Question sociale,** introduction V. Cosmao, 94 p.

JEAN-PAUL II, **La Dignité et la Vocation de la femme,** introduction L. Bouyer, 112 p.

JEAN-PAUL II, **Les Fidèles laïcs,** introduction Y. Congar, 192 p.

JEAN-PAUL II, **Appelé à veiller, Saint Joseph,** introduction Bernard Sesboüé, s.j.

JEAN-PAUL II, **Le Renouveau de la liturgie,** introduction Ph. Béguérie, 46 p.

JEAN-PAUL II, **La Mission du Christ rédempteur,** introduction Cl. Geffré, 144 p.

JEAN-PAUL II, **Le Centenaire de Rerum Novarum,** introduction Hugues Puel.

JEAN-PAUL II, **À tous les jeunes du monde,** introduction Guy Gilbert.

Juifs et Chrétiens « Pour une entente nouvelle », visite de Jean-Paul II à la synagogue de Rome (13 avril 1986/4 nisan 5746), 68 p.

Synode extraordinaire. **Célébration de Vatican II,** 680 p.

Synode des Évêques (Rome, 1987), **Les Laïcs dans l'Église et dans le monde,** préface du cardinal Decourtray, 280 p.

Synode des Évêques, **La Formation des prêtres** (Éd.du Centurion,1990), 336 p.

Synode des Évêques, **La Formation des prêtres** (instruments de travail) 1990, 96 p.

Justice et paix pour la création entière : document final du rassemblement œcuménique européen « Paix et justice », 104 p.

Rassemblement œcuménique européen de Bâle : justice et paix pour la création entière : intégralité des textes, 528 p.

Les Évêques d'Europe et la nouvelle évangélisation. Conseil des conférences épiscopales d'Europe. Documents rassemblés et présentés par Hervé Legrand. Préface du cardinal Carlo Maria Martini, 524 p.

Justice économique pour tous, préface de Jean-Yves Calvez, 248 p.

Charte des droits de la famille. Présentée par le Saint-Siège, 22 p.

Jalons pour l'Unité. Rapport de la commission anglicane-catholique romaine, collectif, 144 p.

Les Églises devant le judaïsme, B. Dupuy, M.-T. Hoch, 432 p.

Orientations pour un dialogue entre chrétiens et musulmans, M. Borrmans, 192 p.

Nouveaux jalons pour l'Unité, J. Desseaux, 66 p.

Bible et christologie, Commission biblique pontificale, 294 p.

Les Églises contre la bombe? Les Églises chrétiennes et les armements nucléaires, documents présentés par B. Quelquejeu et F. Vaillant, 208 p.

Au service de l'homme. Une approche éthique de l'endettement international. Commission biblique pontificale « Justice et Paix », 96 p.

Le Don de la vie. Instruction sur le respect de la vie humaine naissante et la dignité de la procréation. Réponses à quelques questions d'actualité. Congrégation pour la Doctrine de la foi, 58 p. + présentation.

L'Église face au racisme, présentation de X.Thévenot, s.d.b., 80 p.

Les Anathèmes du XVIe siècle sont-ils encore actuels? Propositions soumises aux Églises catholique, luthérienne et réformée en Allemagne, trad. de l'allemand par P. Jundt et J. Hoffmann, 304 p.

Liberté chrétienne et libération, introduction de Marie-Dominique Chenu, 104 p.

La Vocation ecclésiale du théologien, Congrégation pour la Doctrine de la foi, 48 p.

Directoire pour les assemblées dominicales en l'absence de prêtre, 48 p.

Les Sectes et l'Église catholique : le document romain prés. de 200 groupes religieux, introduction de Jean Vernette, 126 p.

La Formation dans les instituts religieux. Directives de la Congrégation pour les instituts de vie consacrée et les sociétés de vie apostolique, 80 p.

La Primauté romaine dans la communion des Églises. Comité mixte catholique-orthodoxe en France, présentation par le Métropolite Jérémie et Mgr André Quélen, 128 p.

Rendre témoignage au Christ. Comité mixte baptiste-catholique, présentation par le pasteur Robert Somerville et Mgr Georges Soubrier, 104 p.

L'Église dans la transformation actuelle de l'Amérique latine à la lumière du concile Vatican II. Conclusions de Medellin 1968. Préface par Mgr Le Bourgeois, introduction et traduction par Charles Antoine.

Conférences des Évêques de France, les Ministres ordonnés dans une Église-communion, 64 p.

Cet ouvrage
a été reproduit
et achevé d'imprimer
en mars 1993
par l'Imprimerie Floch
53100 – Mayenne.

Dépôt légal : mars 1993.
N° d'imprimeur : 33847.
N° d'éditeur : 9674.
Imprimé en France.